ぼくはくま、
特技は
せん切りやねん!!!

ぼくはくま!!!

はじめまして！
ぼくは大阪府在住、料理好きのくまのぬいぐるみです。
普通のぬいぐるみだったけれど5年前にInstagramを
始めたことをきっかけに料理の楽しさに目覚めました。

この本では料理はもちろん、コテコテ関西弁のぼく、ポエム調のぼく、
ぼくの趣味や日常などぼくの魅力をギュッと詰め込みました。

ぼくの本を手に取ってくれた人が
ページをめくるたびに笑顔になってくれたらウレシイネン!!!

ぼくの特技を紹介するよ

そろばん

パチパチパチ……
珠をはじけば数の世界の扉が開く。ぼくにとってそろばんは
お勉強というよりも数字とおしゃべりする感覚やねん！

お絵かき

カキカキカキ……
赤く塗ったり丸く描いたり
難しいことは考えず楽しく自由に！
正解がないのがお絵かきの醍醐味やで！

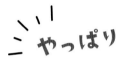 やっぱり

料理!!!

トントントン……とカットされ舞い上がった食材は
ジャッジャッジャッ……と炒められ
フライパンのステージの上、
さらに舞い踊りふわりと"おいしい"に着地する。
これがくま流料理スタイル。
和洋中ジャンルは問わずなんでもつくるねん!

ぼくはくま、特技はせん切りやねん!!! 目次

PART. 3

くまくんの
とっておきおやつ

この本のきまり

- レシピ中の分量について、カップ1は200㎖、大さじ1は15㎖、小さじ1は5㎖です。
- レシピ中の材料について、ことわりのない場合、砂糖は白砂糖、塩は精製塩、しょうゆは濃口しょうゆです。みそは好みのみそですが、塩分量はさまざまなので加減してください。
- レシピ中の材料で「だし」とある場合は、昆布と削り節でとった和風のだし汁です。
- 材料の野菜の皮はよく洗い、皮をむくなどの下処理をしてから使用してください。
- 電子レンジの加熱時間は、ことわりのない場合600Wを使用した場合の目安です。お使いの電子レンジのW数が異なる場合は、500Wでは1.2倍、700Wでは0.8倍を目安にしてください。
- 電子レンジ、オーブン、オーブントースターはメーカーや機種によって加熱具合が異なる場合もあるので、様子を見ながら加熱することをおすすめします。

献立に役立つメニューから
癒やしのスイーツに
パンのレシピもあるで〜！

17:00 ⏰ 起床

ｚｚｚ

目覚まし時計のアラームを
消してもまだまだ眠りたい。
朝が苦手なぼくは
再び夢の世界に逃亡して
しまいそうになるけど、
「えい！」と声に出して
布団から出るねん！

さあ、着替えるぞ！
まずはズボンを履いて

次はシャツを着る！
今日は水色の
しましまシャツだ！

頭がひっかかった！
頭がデカいぬいぐるみの
着替えはひと苦労やねん！

PART.1
くまくんの1日

「今日もよろしくたのむで！」
自分へ挨拶すれば準備完了や！

ぼくの体の一部でもある
ひょっとこの手ぬぐいは
毎日巻くねん！

くつ下は右足から履くと
1日中、なんでもかんでも
うまくいくねん！

\8:00/
⏰ 朝ごはん

クロックムッシュ

おしゃれなカフェで見かける
クロックムッシュ！

食べたい！

あのホワイトソースと
チーズが
トロトロの
クロックムッシュが食べたい！

朝ごはんに作ってみたら、
とんでもなく
おいしくできたんだ！

［材料(2人分)］

山型食パン(6枚切り) ・・・・・・・ 2枚
［ホワイトソース］
　牛乳・・・・・・・・・・・・・・ 50㎖
　薄力粉 ・・・・・・・・・・ 小さじ2
　バター(小さく切る)・・・・・・・ 5g
　塩、こしょう ・・・・・・・・ 各少々
マーガリン(またはバター)
　・・・・・・・・・・・・・小さじ⅓×4
ロースハム・・・・・・・・・・・・ 4枚
スライスチーズ ・・・・・・・・・ 2枚
マヨネーズ・・・・・・・・・・ 3g×4
ベビーリーフ ・・・・・・・・ 10g×2
ピザ用チーズ ・・・・・・・ 大さじ6
パセリ(みじん切り)、粗びき黒こしょう
　・・・・・・・・・・・・・・・・各適量

［作り方］

① ホワイトソースを作る

耐熱ボウルに薄力粉とバターを入れ、電子レンジで20秒加熱する。泡立て器でよく混ぜ、なめらかになったら牛乳を少しずつ加え、ダマにならないように混ぜる。電子レンジで1分加熱してさらに混ぜ、とろみがついたら塩、こしょうで味をととのえる(とろみがつかない場合は10秒ずつ加熱する)。

② 食パンを切る

食パンの厚みを半分に切る。それぞれの片面に、マーガリンを小さじ⅓ずつぬる。

くまくんポイント

完成したら、乾燥を防ぐためにラップを密着させて貼るといいよ！

ラジオをつけたら
朝ごはん作りのスタートだ！

**③ ハム、チーズを
のせる**

食パン1切れにハムを少しずらして2枚のせる。ハムの中央にスライスチーズを1枚のせる。これを2組作る。

**④ ベビーリーフも
のせてはさむ**

③の上にマヨネーズを3gずつジグザグにしぼる。ベビーリーフを10gずつのせ、さらにマヨネーズを3gずつしぼる。残りの食パンを1切れずつ、マーガリンをぬった面を下にしてかぶせる。

**⑤ ホワイトソース、
チーズをのせる**

④に①のホワイトソースを半量ずつぬり広げ、ピザ用チーズを大さじ3ずつのせる。

⑥ トースターで焼く

オーブントースターで6～7分、こんがり色づくまで焼く。パセリと粗びき黒こしょうをふってでき上がり。

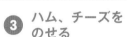

新聞は毎朝欠かさず読むねん！
世界情勢をチェック！

くまくんポイント

ときどき様子を見ながら、こげないように焼いてね！

ブロッコリーと
ベーコンの
クリームパスタ

お昼はパスタ！

ブロッコリーとベーコンを炒めて
半分に折ったスパゲッティを入れて
牛乳とチーズ入れて

ぺろっと味見して
塩、こしょうで完成！

材料をどんどん
フライパンに入れるだけでできる
簡単パスタだ！

[材料(1人分)]

スパゲッティ(ゆで時間7分のもの)
・・・・・・・・・・・・・・・・・ 70g
ブロッコリー ・・・・・・・・・ 100g
ベーコン(ブロック) ・・・・・・・ 50g
にんにく・・・・・・・・・・・・・1かけ
オリーブオイル ・・・・・・・ 大さじ1
A | 水・・・・・・・・・・・・・ 200㎖
  | 顆粒コンソメスープの素
  | ・・・・・・・・・・・小さじ½
牛乳 ・・・・・・・・・・・・・ 100㎖
スライスチーズ ・・・・・・・・・1枚
塩、粗びき黒こしょう ・・・・ 各適量

集中してそろばんの練習
大きな数字もどんとこい!

[作り方]

❶ ブロッコリー、ベーコン、にんにくを切る

ブロッコリーは小房と茎に分け、1房を2～4等分に切る。茎は皮がかたければ皮をむいて、みじん切りにする。ベーコンは5㎜幅の棒状に切る。にんにくはみじん切りにする。

❷ ブロッコリーとベーコンを炒める

直径26㎝のフライパンにオリーブオイルとにんにくを入れて弱火で熱し、香りが立ったらブロッコリーとベーコンをさっと炒める。

絵本を読んで
まったり過ごそうか

③ スパゲッティを加えてゆでる

❷にAを加え、煮立ったらスパゲッティを半分に折って加え、ふたをして弱火で5分ゆでる。

④ 牛乳とチーズを入れて煮る

牛乳を加えてふたをし、2分ゆでる。スライスチーズを手でちぎって加え、溶かしながら中火で煮詰める。汁気が少なくなったら塩で味をととのえ、器に盛って粗びき黒こしょうをふる。

くまくんポイント

ときどきふたを開けて、スパゲッティがくっつかないように混ぜてね！

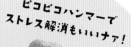
ママのお買い物について行こうかナァ

ピコピコハンマーで
ストレス解消もいいナァ！

お昼から
何しようかナァ〜！

ベリーヨーグルト
カップケーキ

おやつはホットケーキミックスを使って
カップケーキ作り！

ちょっと混ぜ方が
下手くそになっても大丈夫！

優秀なホットケーキミックスが
ぷっくりふくらませてくれるから

鼻歌まじりで作れるんだ！

19

ドライブのBGMはK-POPやで！

［材料］
（底の直径4.5cmの
自立するカップケーキ型8個分）

冷凍ミックスベリー ・・・・・・ 48粒
バター（食塩不使用）・・・・・・・・ 60g
卵・・・・・・・・・・・・・・・・・・・・・・・・・1個
グラニュー糖・・・・・・・・・・・・ 50g
はちみつ ・・・・・・・・・・・・・ 大さじ1
プレーンヨーグルト・・・・・・・ 50g
ホットケーキミックス ・・・・・ 150g
アーモンドプードル・・・・・・・・ 10g

［準備］

● ミックスベリーはキッチンペー
　パーの上に広げて解凍し、汁気
　をきっておく。
● オーブンは170℃に温めておく。
● バターは湯せんで溶かしておく。

［作り方］

❶ 卵とグラニュー糖
などを混ぜる

ボウルに卵を割り入れ、グラ
ニュー糖を加えて泡立て器で
よく混ぜる。はちみつ、ヨーグ
ルトも加えてそのつどよく混ぜ
る。

❷ 粉類を加える

ホットケーキミックスとアーモ
ンドプードルを合わせて、ふる
いながら❶に加え、ゴムべら
で混ぜる。

くまくんポイント

ここで泡立て器からゴム
べらに持ちかえてね。

愛車は定期的に
メンテナンス！

③ 溶かしバターを
　加える

粉っぽさがなくなったら、溶か
しバターも加えてよく混ぜる。

④ 生地を型に入れる

紙のカップケーキ型にスプー
ン山盛り1杯ずつ生地を入れ、
ミックスベリーを3粒ずつのせ
る。その上に残りの生地を等
分に入れ、ミックスベリーを3
粒ずつのせる。

くまくんポイント

ミックスベリーは生地の中に入れ
て、上にものせるとキレイなんだ！

⑤ オーブンで焼く

170℃に温めたオーブンで20
分ほど焼く。竹串を刺してみて、
生の生地がついてこなければ
完成。

ぼくの名前はピンクマ号
ピンクのボディと
赤いハンドルが自慢だ！

21

⏰ 夕ごはん献立

- コロコロ肉巻き
  厚揚げの中華あん
- おさつハニーマスタード
- 小松菜と長いもの梅あえ
- 白菜と油揚げのみそ汁

22

おやつもしっかり食べたけど、
それでもおなかは減る!

そんなぼくが
夕ごはんに作ったのは、
コロコロ厚揚げの中華あん!

副菜は
さつまいものおいしいやつ!
小松菜と長いものあえたやつ!
冷蔵庫の残り物でみそ汁!

節約ごはんだって得意なんだ!

コロコロ肉巻き厚揚げの中華あん

コロコロして食べやすい!
中華あんが
ごはんを呼ぶんだ!

[作り方]

❶ 下ごしらえをする

厚揚げは横長におき、4等分の棒状に切る。にんじん、しょうがはせん切りにし、しめじはほぐし、小ねぎは小口切りにする。A、水溶き片栗粉はそれぞれ混ぜ合わせておく。

[材料(2人分)]

厚揚げ ・・・・・・・・・・・・・・・1枚	
豚ロースまたはもも薄切り肉	
（しゃぶしゃぶ用）・・・・・ 8枚	
にんじん ・・・・・・・・・・・¼本	
しょうが・・・・・・・・・・・ 5g	
しめじ ・・・・・・・・・・・½株	
小ねぎ・・・・・・・・・・・・1本	
うずらの卵(水煮) ・・・・ 10個	
ごま油 ・・・・・・・・・・ 大さじ1	

A	水・・・・・・・・・・ カップ1
	顆粒鶏ガラスープの素
	・・・・・・・・・ 小さじ1
	しょうゆ、みりん・・ 各大さじ1

[水溶き片栗粉]
	片栗粉・・・・・・・・ 小さじ1
	水・・・・・・・・・・ 小さじ2

塩、こしょう、片栗粉・・・・・各適量

サメの似顔絵は
得意やねん!

② 厚揚げを
豚肉で巻く

豚肉2枚を⅓ほど重ねて縦長に並べ、塩、こしょうをふる。厚揚げ1切れをのせて巻く。これを4本作る。

くまくんポイント

豚肉は、厚揚げの幅に合うように重ねておくと巻きやすいんだ!

③ 食べやすく切る

②の巻き終わりを下にして、1本を3等分に切る。片栗粉を全体にまぶす。

④ 転がしながら
焼く

フライパンを中火で熱してごま油を引き、**③**の巻き終わりを下にして入れ、転がしながら焼く。肉の色が変わったら端に寄せ、あいたところにしめじ、しょうが、にんじんを入れ、しんなりするまで炒める。

⑤ 煮てから
とろみをつける

Aとうずらの卵を加え、煮立ったら3分ほど煮て、水溶き片栗粉でとろみをつける。器に盛り、小ねぎを散らす。

おさつハニーマスタード

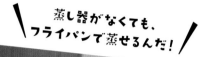
蒸し器がなくても、
フライパンで蒸せるんだ!

[材料]
(作りやすい分量)

さつまいも ・・・・・・・・・200g
A｜バター ・・・・・・・・・ 10g
　｜はちみつ ・・・・・ 大さじ1
　｜粒マスタード ・・ 大さじ½
　｜薄口しょうゆ、砂糖
　｜ ・・・・・・・・ 各小さじ1

[作り方]

❶ さつまいもを切る
さつまいもは皮つきのまま乱切りにして5分ほど水にさらし、水気をきる。

❷ さつまいもを蒸す
フライパンに沿うようにクッキングシートを手で押さえて敷く。水気をきった❶をのせる。クッキングシートの下に水150㎖を注ぎ、シートがフライパンからはみ出さないようにふたをし、弱中火で8～10分蒸す。

❸ 調味料をからめる
さつまいもに竹串がスッと通ったら、クッキングシートごとさつまいもを下ろす。フライパンの水分を捨ててAを入れ、さつまいもを戻し入れ、弱中火でからめる。

小松菜と長いもの梅あえ

さっぱりした
おかずも
必要だ!

[材料(2人分)]

小松菜・・・・・・・・・150g	A	めんつゆ(2倍濃縮)、砂糖
長いも・・・・・・・・・・60g		・・・・・・・各小さじ1
梅肉(塩分5%の梅干し)・・・・10g		削り節・・・・1パック(2.5g)

[作り方]

❶ 梅肉をたたく
梅肉は包丁でたたいてペースト状にする。

❷ 野菜を切る・ゆでる
小松菜はゆでて水気をきり、2cm幅に切ってさらに水気をしぼる。
長いもは皮をむき、5mm幅のいちょう切りにする。

❸ あえる
ボウルに❷を入れて梅肉とAを加え、あえる。

白菜と油揚げのみそ汁

冷蔵庫に
残ってる食材を
探すんだ!

[材料(2人分)]

白菜・・・・・・・・・1枚	みそ・・・・・・・・・大さじ1½
油揚げ・・・・・・・・・½枚	ごま油・・・・・・・・小さじ1
だし・・・・・・・・・カップ2	

[作り方]

❶ 白菜と油揚げを切る
白菜は縦半分に切ってから細切りにする。
油揚げは縦半分に切ってから5mm幅に切る。

❷ みそを溶き入れる
鍋にだしと❶を入れて中火に
かけ、温まったらみそを溶き入
れ、ごま油を回し入れる。

くまくんポイント

仕上げにごま油を入れる
とコクが出ておいしいよ!

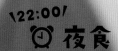

\22:00/ ⏰ 夜食

おにぎり2種

おなかがすいて寝つけない！

しらすの混ぜるだけおにぎりと

レンチンで作れる
卵そぼろのおにぎりで

夜中の小腹を満たそう！

しらすおにぎり

【 材料 (2人分) 】

温かいごはん・・・・・・・・200g　　韓国のり・・・・・・・・・・・2枚
しらす干し・・・・・・・・・・15g　　塩・・・・・・・・・・・・・・・・適量
小ねぎ・・・・・・・・・・・・⅓本

【 作り方 】

❶ 具を準備する
小ねぎは小口切りにする。韓国のりは
手で小さくちぎる。

❷ おにぎりにする
ボウルにごはんを入れて❶としらす干しを加えて混ぜ、2等分
して塩をつけた手でにぎる。

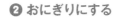

レンチン卵そぼろおにぎり

【 材料 (2人分) 】

温かいごはん・・・・・・・・200g　　かに風味かまぼこ・・・・・2本
卵・・・・・・・・・・・・・・・1個　　みつば・・・・・・・・・・・・2本
A｜白だし・・・・・・・小さじ1　　味つけのり・・・・・・・・・2枚
　｜薄口しょうゆ・・小さじ½
　｜砂糖、みりん・・各小さじ1

【 作り方 】

❶ 卵そぼろを作る
卵は溶きほぐし、Aを加え混ぜて電子レ
ンジで1分加熱する。取り出して泡立て
器でよく混ぜ、電子レンジで20秒加熱
する。よく混ぜてさらに20秒加熱し、
ぽろぽろにする(全量の⅔を使用)。

❷ おにぎりにする
かに風味かまぼこは半分に切ってから裂
く。みつばは細かく切る。ボウルにごは
ん、❶の⅔量、かにかま、みつばを入れ
て混ぜ、2等分してにぎり、のりを巻く。

\23:00/

⏰ 就寝

今日も一日がんばった！「ほな、おやすみ」
サメに挨拶して3秒後にはもう夢の中へ……
ムニャ……ムニャ…ムニャ……
（寝言が多いくま）

夢の中で掃除していたら
寝そべっているサメを
掃除機で吸ってしもた！
「サメ、カンニンやで！」

「かまへんで！
夢の中やから痛ないで」

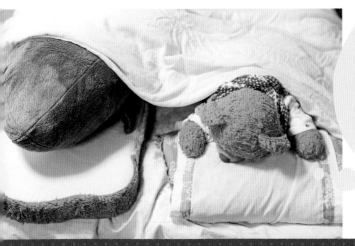

ボーダーとオーバーオールは
春の定番お散歩スタイル！

春

夏

夏はシャリっと
素材が気持ちいい
甚平が一番や！

PART.2
くまくんの春夏秋冬

肌寒くなってくる秋は
トレーナーと
デニムでキメル！

秋

冬

冬が苦手なぼくの冬スタイルは
セーターを着て心も体もぬくぬく！

春

豆腐入り花シュウマイ

蝶々がひらひら
やってきそうな
花シュウマイ！

ふっくら
ジューシー！

もう
市販のシュウマイは
買うもんか！

って決心するほど
自家製シュウマイは
うまいんだ！

[材料(2〜3人分)]

木綿豆腐 ・・・・・・・・・・・・・ 150g
豚ひき肉 ・・・・・・・・・・・・・ 200g
春キャベツ ・・・・・・・・・・・・ 1枚
玉ねぎ ・・・・・・・・・・・・・・ 50g
シュウマイの皮 ・・・・・・・・ 22枚
かに風味かまぼこ ・・・・・・・ 1本
卵・・・・・・・・・・・・・・・・・・ 1個
塩 ・・・・・・・・・・・・・・・・・ 適量
A｜酒・・・・・・・・・・・ 大さじ1
　｜砂糖、顆粒鶏ガラスープの素
　｜・・・・・・・・・・・・・ 各小さじ1
　｜しょうゆ ・・・・・・・・ 小さじ½
　｜塩・・・・・・・・・・・・ 小さじ⅓
　｜おろししょうが(チューブ)・・ 2cm
冷凍グリンピース ・・・・・・・・ 6粒
たれ
　｜酢・・・・・・・・・・・・ 小さじ2
　｜しょうゆ、砂糖 ・・・ 各小さじ1

[準 備]

●豆腐は2枚重ねたキッチンペー
　パーで包み、皿で重しをして20
　分水きりする。

[作り方]

❶ キャベツなどを切る

春キャベツは芯を取ってせん切りにし、塩少々をもみ込んでしんなりさせる。玉ねぎはみじん切り、シュウマイの皮はせん切り、かに風味かまぼこは6等分に切る。

❷ 錦糸卵を作る

卵は溶きほぐして塩少々を加え、フライパンで薄く丸く焼き、取り出す。ケーキのように4等分に切ってから細く切って錦糸卵にする。❶のキャベツ、錦糸卵はそれぞれ別のバットに広げておく。

34

お！
新規オープンのカフェ発見！

③ 肉だねを作って
丸める

ボウルにひき肉、水きりした豆腐、❶の玉ねぎ、Aを入れて手でよくこねる。3等分し、さらにそれぞれ6等分にして丸める（計18個）。

④ 3種類の衣を
まぶしつける

肉だね6個にはシュウマイの皮をまぶす。余ったシュウマイの皮はせん切りキャベツ、錦糸卵を入れたバットに半量ずつ加え、肉だね6個にそれぞれたっぷりとまぶし、手で丸めながらくっつける。

⑤ フライパンに
並べる

フライパンに沿うようにクッキングシートを敷いて❹を並べる。錦糸卵のものにはかにかまをのせ、シュウマイの皮のものにはグリンピースを凍ったまま埋め込むようにのせる。

くまくんポイント

シュウマイの皮やキャベツ、錦糸卵が余っていたら上にのせるんだ！

⑥ ふたをして蒸す

クッキングシートの下に水150mlを注ぐ。ふたをして強火にかけ、沸騰したら弱火にして10分蒸す。混ぜ合わせたたれをつけて食べる。

くまくんポイント

クッキングシートがフライパンからはみ出していたら、内側に折りこんでからふたをしてね。

皮ごと食べられる
新じゃがを使った
ジャーマンポテト！

彩りとボリュームアップを
狙ってズッキーニも入れて

味つけにマスタードを
きかせるのが
くまくん流ジャーマンポテトなんだ！

ジャーマンポテト

[材料(2人分)]

新じゃがいも・・・・・・1個(180g)	
ウインナーソーセージ・・・8本	
玉ねぎ・・・・・・・・・・60g	
ズッキーニ・・・・・・・・1本	
サラダ油・・・・・・・・大さじ1	

A 粒マスタード、マヨネーズ
　・・・・・・・・・各大さじ1
　しょうゆ・・・・・・・小さじ1
　砂糖・・・・・・・・小さじ½
（好みで）粗びき黒こしょう
　・・・・・・・・・・・・適量

今日は大和川まで
ドライブしてきた！

[作り方]

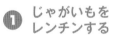

**① じゃがいもを
レンチンする**

新じゃがいもはよく洗って芽を除き、乱切りにする。耐熱皿に重ならないように並べ入れてラップをかけ、電子レンジで4分加熱する。

**② そのほかの
材料も切る**

ソーセージは斜め半分に切る。玉ねぎは5cm幅のくし形切り、ズッキーニは乱切りにする。

③ 材料を炒める

フライパンを中火で熱してサラダ油を引き、ズッキーニを1分ほど炒める。玉ねぎを加えて炒め、しんなりしたらソーセージ、じゃがいもを加えて炒め合わせる。

**④ 調味料を入れて
からめる**

火を止めて混ぜ合わせたAを加えてからめ、好みで粗びき黒こしょうをふる。

定番のアスパラベーコン巻きに豚肉を巻いて
カツにしたアスパラベーコンフライ!

食べやすくひと口サイズにカットしたら
アスパラの緑とベーコンのほのかなピンクが
顔を出してなんともかわいい!

食卓が華やぐ一品だ!

アスパラベーコンフライ

[材料(2人分)]

アスパラガス・・・・・・・・・ 6本
豚ロース(またはもも)薄切り肉
・・・・・・・・・・・・・ 6枚
ベーコン(ハーフサイズ)・・・ 6枚

薄力粉、溶き卵、パン粉、
　揚げ油・・・・・・・・・ 各適量
好みのソース・・・・・・・・ 適量

クイズ：ピンクマ号に
いつものせている物は
なーんだ？

[作り方]

❶ アスパラガスを
　　レンチンする

アスパラガスは洗って軽く水気をきり、根元を2㎝ほど切り落としてピーラーでかたい皮をむく。ラップに包んで耐熱皿にのせ、電子レンジで2分加熱する。ラップをはずして冷ます。

❷ 豚肉とベーコンを
　　重ねる

豚肉2枚は少し重ねて横長になるようにおく。その上にベーコン2枚を広げてのせる。

くまくんポイント

豚肉からベーコンがはみ出さないようにのせてね！

❸ アスパラガスに
　　巻きつける

アスパラガス2本を❷に対して斜めにおき、らせん状に巻きつける。これを3組作る。

くまくんポイント

アスパラの頭が出るように巻くといいよ！

❹ 衣をつけて揚げる

薄力粉、溶き卵、パン粉の順に衣をつける。180℃に熱した揚げ油でときどき転がしながらきつね色になるまで揚げる。食べやすく切って器に盛り、好みのソースを添える。

鶏むね肉の甘酢煮

大型連休！
遊びすぎて家計がピンチ！

ここは節約の味方、鶏むね肉を使って
おいしく節約だ！

【 材料(2人分) 】

鶏むね肉(皮なし) ‥‥‥300g
にんじん ‥‥‥‥‥‥‥30g
冷凍グリンピース ‥‥‥ 適量
A｜酒、しょうゆ、みりん
　　　‥‥‥‥‥ 各小さじ1
　｜おろししょうが(チューブ)
　　　‥‥‥‥‥‥‥‥3cm
片栗粉 ‥‥‥‥‥‥‥ 適量
ごま油 ‥‥‥‥‥‥ 大さじ1
B｜酢、砂糖 ‥‥ 各大さじ1½
　｜しょうゆ、みりん
　　　‥‥‥‥‥‥ 各大さじ1
　｜水 ‥‥‥‥‥‥ 大さじ2

【 作り方 】

❶ 鶏肉に下味をつける

鶏肉は繊維を断つように1.5cm幅のそぎ切りにして、フォークで全体を刺す。ボウルに入れ、Aを加えてもみ込み、そのまま5分なじませる。にんじんはせん切りにする。Bは混ぜ合わせておく。

❷ 鶏肉に片栗粉をまぶす

鶏肉の汁気をきり、茶こしで片栗粉を全体にまぶす。

❸ 鶏肉を焼く

フライパンを熱してごま油を引き、弱火で❷の両面を焼く。

❹ 甘酢で煮る

焼き色がついたら、Bとにんじんを加えてふたをし、弱火で1分煮る。ふたを取って凍ったままグリンピースを加え、中火にしてたれをからめながら30秒ほど煮る。

しましまなすの豚しゃぶサラダ

スーパーでなすがめちゃ安かったので
今日は"しましまなすの豚しゃぶサラダ"だ!

トマトの薄切りに
なすと豚肉をたかーく積み上げて

たれをかけたら
でき上がりだ!

[材料(2人分)]

なす ・・・・・・・・・・・・・ 2本
豚薄切り肉(しゃぶしゃぶ用)
・・・・・・・・・・・・・・・ 200g
トマト ・・・・・・・・・・・・ 1個
貝割れ菜 ・・・・・・・・ ½パック
[たれ]
　ポン酢しょうゆ ・・・ 大さじ2
　オイスターソース、ごま油
　・・・・・・・・・ 各大さじ½
　砂糖 ・・・・・・・・ 小さじ1

[作り方]

❶ なすをレンチンする

なすはヘタを取り、ピーラーで縞状に皮をむく。1本ずつラップに包み、耐熱皿にのせて
電子レンジで4分加熱する。ラップのまま氷水で冷やし、1cm幅の輪切りにする。

❷ 豚肉をゆでる

豚肉は沸騰しない程度の湯に入れて、色が変わるまでゆで、バットにあげて自然に冷ます。

❸ トマト、貝割れ菜を用意する

トマトはヘタを取り、半月切りにする。貝割れ菜は長さを半分に切って耐熱皿にのせ、電
子レンジで30秒加熱して流水で冷まし、水気をきる。

❹ 盛りつける

❶、❷、❸を器に盛り、混ぜ合わせたたれをかける。

夏

とうもろこしつくね

夏祭り
ずらり並んだ屋台に心躍らせ、
何を食べよう?

さんざん悩んで
香ばしく焼かれた
とうもろこしを買ってもらい
かぶりつきながら歩く

そんな夏祭りの思い出から
ひらめいたのは
とうもろこしつくね!

つながったとうもろこしの実を
肉だねにくっつけて
甘辛いたれで焼いたら
フライパンの中が夏祭りだ!

[材料(2～3人分)]

とうもろこし(水煮) ・・・・・・ 1本
[肉だね]
　鶏ひき肉 ・・・・・・・・・ 250g
　長ねぎ(みじん切り) ・・・ 10cm
　おろししょうが(チューブ)
　・・・・・・・・・・・・・・・・・・・ 3cm

片栗粉、パン粉・・ 各大さじ1
顆粒だし ・・・・・・ 小さじ1/2
青じそ ・・・・・・・・・・・ 12枚
片栗粉 ・・・・・・・・・・・ 適量
サラダ油 ・・・・・・・・ 大さじ1

A ｜ 酒、しょうゆ、みりん
　　　・・・・・・・・・ 各大さじ2
　三温糖(または砂糖)
　　・・・・・・・・・・・・ 大さじ1
(好みで)粗びき黒こしょう・・ 適量

しっかり食べて
猛暑を乗りきるで～!

[作り方]

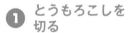

❶ とうもろこしを切る

とうもろこしは縦にして、実をそぐように切る。さらに3cm幅に切り分けたものを12個用意し、残りは粗くほぐす。Aは混ぜ合わせておく。

❷ 肉だねを作って並べる

肉だねの材料をボウルに入れ、しっかりこねる。粗くほぐしたとうもろこしを加えて混ぜる。まな板に片栗粉をふり、手をぬらして肉だねを12等分の小判形に整えて並べる。

❸ とうもろこしをのせる

上から茶こしで片栗粉をふる。3cm幅に切ったとうもろこしを1切れずつのせる。

くまくんポイント

とうもろこしを肉だねにうめ込むようにして、とうもろこしの縁を肉だねで包むとはがれにくいよ!

❹ 両面を焼く

フライパンを熱してサラダ油を引き、❸をとうもろこしを上にして並べる。ふたをして弱火で5分焼いたらAを加えて、裏返す。ときどきフライパンをゆすりながら2分焼き、中火にして1分ほど煮詰める。青じその上に盛り、好みで粗びき黒こしょうをふる。

お米に白だしとお水を入れて
しめじ、ツナも入れたら
トマトを投入してフィニッシュ！

あとは炊飯器くんに
おいしく炊いてね！って
ウインクしたら完璧！

丸ごとトマトの
炊き込みごはんが完成だ！

待ちきれないから

炊けるまで
ダンスをしてるんだ！

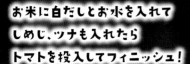

ツナとトマトの
炊き込みごはん

【 材料(2合分) 】

米 ・・・・・・・・・ 2合(360㎖)	白だし ・・・・・・・・・ 大さじ2
ツナ缶 ・・・・・・・・・ 1缶(70g)	水 ・・・・・・・・・ 270㎖
トマト ・・・・・・・ 150〜160g	みつば ・・・・・・・・・ 適量
しめじ ・・・・・・・・・ ½株	
枝豆(塩ゆでしたもの・さやつき)	
・・・・・・・・・100g	

ごはんが炊けるまで
HIPHOPダンス！

【 作り方 】

❶ 米を洗い、だしと水を加える

米は炊飯器の内釜に入れて洗い(洗ってから炊飯器に入れてもよい)、白だし、分量の水を順に加えて軽く混ぜる。

❷ ツナ、しめじをのせる

ツナを缶汁ごと加え、しめじは小房に分けてのせる。

❸ トマトものせて炊く

トマトはヘタを取り、反対側に十字に切り込みを入れて❷にのせる。普通に炊く。

くまくんポイント

炊けてからトマトをつぶしたほうがラクなんだ！

❹ トマトをつぶし、枝豆を混ぜる

炊き上がったら、トマトをつぶしながら全体を混ぜ、5分蒸らす。枝豆をさやから出して加え、混ぜる。器に盛り、ざく切りにしたみつばをのせる。

大豆入りドライカレー

みじん切りにした野菜とミンチを
炒めて作るドライカレー

ちょっとアレンジして大豆を入れて作ってみたら
これが大正解!

ホクッと大豆の食感がニコッと笑顔を引き出す
笑顔あふれるドライカレーができたんだ!

[材料 (3人分)]

合いびき肉 ・・・・・・・・ 150g
大豆水煮(汁気をきる) ・・・ 100g
ピーマン ・・・・・・・ 3個(120g)
にんじん ・・・・・・・・・・ 80g
玉ねぎ ・・・・・・・・・・・ 50g
サラダ油 ・・・・・・・・ 大さじ1
カレー粉 ・・・・・・・ 大さじ½
薄力粉 ・・・・・・・・・・ 大さじ1

A│水 ・・・・・・・・・・ 150㎖
　│固形コンソメスープの素
　│・・・・・・・・・・・・・・ 1個
　│トマトケチャップ
　│・・・・・・・・・・・ 大さじ3
　│ウスターソース、とんかつソース
　│・・・・・・・・・・ 各大さじ1

温かいごはん ・・・・・・・ 適量
(好みで)パセリ(みじん切り)、ゆで
卵、ベビーリーフ、トマト、
スプラウト、好みの
ドレッシング
　・・・・・・・・・・・・ 各適量

[作り方]

❶ 野菜を切る
ピーマン、にんじん、玉ねぎはみじん切りにする。

❷ ひき肉と野菜を炒める
フライパンを中火で熱してサラダ油を引き、❶とひき肉を炒める。ひき肉の色が変わったら、カレー粉を加えて香りよく炒め、薄力粉を加えて1分ほど炒める。

❸ 大豆と調味料を加えて煮る
大豆水煮を加えてさっと炒め、Aを加えて汁気が少なくなるまで5〜6分煮る。

❹ 盛りつける
温かいごはんとともに器に盛る。好みでパセリをふり、ゆで卵、ベビーリーフ、トマト、スプラウトを添え、トマトに好みのドレッシングをかける。

ゆずこしょう麻婆豆腐

ゆずこしょう入りの麻婆豆腐は
食べた瞬間はピリッと辛いけど

そのあと
ゆずのさわやかな香りが追いかけてくる!

食欲が落ちる暑い夏でも
しっかり最後まで食べられるんだ!

[材料(2人分)]

豆腐
（木綿でも絹ごしでもよい）‥300g
豚バラこま切れ肉‥‥‥100g
しょうが‥‥‥‥‥‥‥5g
長ねぎ(白い部分)‥‥‥10㎝
長ねぎ(青い部分)‥‥‥½本分
ごま油‥‥‥‥‥‥大さじ1
A 水‥‥‥‥‥‥カップ1
　酒‥‥‥‥‥‥大さじ1
　しょうゆ、砂糖‥各小さじ2
　顆粒鶏ガラスープの素
　‥‥‥‥‥‥‥小さじ1
　ゆずこしょう‥小さじ½

[水溶き片栗粉]
　片栗粉‥‥‥‥‥大さじ1
　水‥‥‥‥‥‥‥大さじ2

[作り方]

❶ 材料を切る

豆腐はさいの目に切り、豚肉は食べやすい大きさに切る。しょうが、長ねぎの白い部分はみじん切りにする。長ねぎの青い部分は斜め薄切りにする。

❷ 調味料を混ぜる

A、水溶き片栗粉はそれぞれ混ぜ合わせておく。

❸ 豚肉、香味野菜を炒める

フライパンを中火で熱してごま油を引き、豚肉を炒める。色が変わってきたら、しょうがと長ねぎの白い部分を加えて香りよく炒める。

❹ 豆腐を加えて煮る

❸にAと豆腐を加え、煮立ったら弱火で3分ほど煮込む。水溶き片栗粉を回し入れてとろみをつけ、長ねぎの青い部分を散らす。

47

ぼくのアルバム!!!

夏

フー暑い!暑い!夏のお
散歩はサングラスと水分
補給を忘れへんで!

春

山の中腹に咲く水仙めざして
山登り。水仙の甘い香りが疲れ
を癒してくれるねん!

秋になると葉っぱが赤くなるの
はなんでや？

冬

めったに降らない雪
がぼくの町に積もっ
た〜!!! 念願の雪に
ダイブだぁ！

きのこたっぷりれんこんハンバーグ

れんこんのすりおろしを加え
ふんわり焼いたハンバーグを

バルサミコの香りが食欲そそる
きのこのソースで煮込む!

ハンバーグを大きく切って
ソースをたっぷりとまとわせて

口いっぱいにほおばって食べると
ぼくの胃袋が小躍りしだしたんだ!

カシャ！ カシャ！
ええ写真撮れたわ！

【 材料(2人分) 】

れんこん ・・・・・・・・・・・・ 170g
しめじ、エリンギなど好みのきのこ
　・・・・・・・・・・・・ 合わせて150g
[肉だね]
　合いびき肉 ・・・・・・・・・ 250g
　卵・・・・・・・・・・・・・・・・1個
　パン粉 ・・・・・・・・・・ 大さじ2
　塩・・・・・・・・・・・・・ 小さじ⅓
　こしょう、ナツメグ ・・・・ 各少々
サラダ油 ・・・・・・・・・・ 大さじ1
A　水・・・・・・・・・・・・ カップ1
　赤ワイン ・・・・・・・・・ 50㎖
　トマトケチャップ ・・・ 大さじ3
　ウスターソース ・・・・ 大さじ1
　バルサミコ酢 ・・・・・ 大さじ½
　砂糖・・・・・・・・・・・ 小さじ2
B　コーンスターチ、水
　・・・・・・・・・・・ 各大さじ½
バター ・・・・・・・・・・・・ 10g
パセリ(みじん切り)・・・・・・・・ 適量

【 作り方 】

① 材料を切り、調味料を混ぜる

れんこんはピーラーで皮をむき、100gはすりおろす。残りはスライサーで薄切りにし、酢水(分量外)に5分つける。きのこは小房に分ける。Aは混ぜ合わせておく。

② 肉だねを作って成形する

ボウルに肉だねの材料とすりおろしたれんこんを入れ、よくこねる。2等分し、それぞれ空気を抜きながら小判形にする。

くまくんポイント

れんこんが大きめなら、半分に切ってからスライスしてね！

ん？ 誰か呼んだ？

③ ハンバーグを焼く

フライパンを中火で熱してサラダ油を引き、**②**を入れて3分ほど焼く。焼き色がついたら裏返し、弱火にしてふたをし、5分ほど焼いたら一度取り出す。

④ きのことれんこんを炒める

③のフライパンにきのことれんこんの薄切りを入れて弱中火で1分ほど炒める。ハンバーグを戻し入れる。

⑤ ふたをして煮込む

Aを加え、煮立ったらそのまま1分煮立てる。ふたをして、弱火で10分煮込む。

⑥ 煮汁をかけて煮る

混ぜ合わせたBを回し入れて混ぜる。バターを加え、中火にしてハンバーグに煮汁をかけながら2分ほど煮る。器に盛り、仕上げにパセリを散らす。

体、めちゃ
やわらかいねん！

くまくんポイント

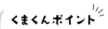

コーンスターチでとろみ
をつけるよ！

なすと梅の春巻き

9月に入ってもまだまだ暑い！

いつまでも続く残暑を
さっぱり味で乗りきろうと
思いついた
なす春巻き。

なすと梅干しと
青じそとチーズを

春巻きの皮で巻いて揚げたら
完成だ！

[材料(8本分)]

なす ・・・・・・・・・ 1本(約20cm)
梅干し ・・・・・・・・・・・ 2個
青じそ ・・・・・・・・・・・ 16枚
ピザ用チーズ ・・・・・・・ 適量
春巻きの皮 ・・・・・・・・・ 8枚

[水溶き小麦粉]
｜ 小麦粉、水 ・・・・・ 各大さじ1
揚げ油 ・・・・・・・・・・・ 適量

出かけるときは
このバッグに入るねん!

[作り方]

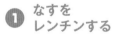

① なすを レンチンする

なすはヘタを取ってラップで包み、耐熱皿にのせて電子レンジで3分加熱する。ラップのまま氷水に入れて冷やす。

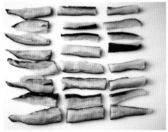

② 梅干し、青じそ、なすを切る

梅干しは種を取り、包丁でたたいてペースト状にする。青じそは軸を切る。①のなすは縦半分に切ってから縦4等分に切り、さらに長さを3等分に切る。

③ 春巻きの皮で巻く

春巻きの皮1枚を広げ、青じそ2枚をのせて上になす3切れをおく。たたいた梅干し⅛量をのせ、ピザ用チーズを2つまみのせて巻き、水溶き小麦粉をぬってとめる。これを8本作る。

④ 揚げる

170℃に熱した揚げ油に③の巻き終わりを下にして入れ、返しながらきつね色になるまで揚げる。

豚とかぼちゃの みそバター炒め

ほくッと甘い
豚とかぼちゃのみそバター炒めは
加速する秋の食欲をさらに上げる!

白ごはんが止まらない!
いや
止めたくないおいしさだ!

[材料(2人分)]

豚こま切れ肉	150g
かぼちゃ(ワタと種を取る)	150g
しょうが	5g
冷凍さやいんげん	10本
A 酒	大さじ1
みそ、砂糖	各小さじ1
しょうゆ	小さじ½
ごま油	大さじ1
塩、こしょう	各少々
バター	10g
白いりごま	適量

[作り方]

❶ 豚肉、かぼちゃを切る
豚肉は食べやすく切り、かぼちゃは5mm厚さのくし形切り、しょうがはせん切りにする。かぼちゃは重ならないように耐熱皿に並べてラップをかけ、電子レンジで3分加熱する。

❷ 調味料を混ぜる
Aの調味料は混ぜ合わせておく。

❸ 豚肉、かぼちゃを炒める
フライパンを中火で熱してごま油を引き、しょうがと豚肉を炒める。豚肉に火が通ったら、塩、こしょうをしてかぼちゃを加えて炒める。

❹ さやいんげん、調味料を加える
さやいんげんは凍ったままポキポキ折りながら加えて炒める。Aとバターを加えてさっと炒め、器に盛って白ごまをふる。

鮭の土鍋ごはん

甘塩鮭をドンドン入れて炊いた
土鍋炊き込みごはん！

炊けたら鮭をしゃもじでほぐして
いくらをたっぷりトッピング！

これは旨い！

ぼくは土鍋ごと抱えて
食べ尽くしたくなったんだ！

[材料(2合分)]

米・・・・・・・・・・	2合(360㎖)
甘塩鮭・・・・・・・・・	2切れ
油揚げ・・・・・・・・・	1枚
しめじ・・・・・・・・・	1株
A　酒・・・・・・・・	大さじ2
しょうゆ・・・・・	大さじ½
みりん・・・・・・	大さじ1
塩・・・・・・・・	小さじ½
水・・・・・・・・・・・	360㎖
(好みで)いくら・・・・・・・	適量

[作り方]

❶ 油揚げを切り、しめじをほぐす
油揚げは縦半分に切ってから5㎜幅に切る。しめじは小房に分ける。

❷ 米を洗い、水加減をする
米は洗って土鍋に入れ、Aを加えて分量の水を注ぎ、軽く混ぜる。

❸ 具をのせて炊く
❷に❶の油揚げとしめじ、鮭をのせてふたをし、強めの中火にかける。
沸騰したら弱火にして15 〜 17分炊く。

❹ 蒸らして鮭をほぐす
炊き上がったらそのまま5分蒸らし、鮭の骨を除く。
鮭をしゃもじで切り分けながら全体を混ぜる。器に盛り、好みでいくらをのせる。

くまくんポイント

鮭の皮はお好みで、取ってもそのままでもいいよ！

オムハヤシ

牛肉と玉ねぎを炒めて
トマトジュースで作るハヤシソース！

ルウいらずで長時間煮込むのもいらない！

いらないものだらけだけど
愛情はぎゅっと入れて作るんだ！

[材料(2人分)]

牛切り落とし肉 ・・・・・・ 150g
玉ねぎ ・・・・・・・・・・・ 80g
塩、こしょう、薄力粉・・・各少々
バター ・・・・・・・・・・・ 10g
おろしにんにく(チューブ)
・・・・・・・・・・・・ 小さじ½

A
トマトジュース(食塩不使用)
・・・・・・・・・・・・ カップ1
水・・・・・・・・・・・・・ 50㎖
ウスターソース、とんかつソース
・・・・・・・・・・・ 各大さじ½
砂糖、みりん・・各大さじ1
固形コンソメスープの素
・・・・・・・・・・・・・ ½個

卵・・・・・・・・・・・・・・ 4個
サラダ油 ・・・・・・・・・ 適量
温かいごはん、パセリ(みじん切り)
・・・・・・・・・・・・ 各適量
(好みで)ブロッコリー(ゆでたもの)
・・・・・・・・・・・・・ 適量

くまくんポイント

お茶碗に軽く1杯分のごはんを入れて、お皿に返して盛りつけておくんだ!

[作り方]

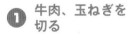

❶ 牛肉、玉ねぎを切る

牛肉は食べやすく切り、塩、こしょうをふって薄力粉を全体にふる。玉ねぎは5mm幅の薄切りにする。

❷ ハヤシソースを作る

フライパンにバターとおろしにんにくを入れて中火にかけ、バターが溶けだしたら❶を炒める。牛肉に火が通ったらAを加え、弱火にしてふたをする。ときどき混ぜながら8分ほど煮る。

❸ オムレツを焼く

オムレツは1人分ずつ作る。直径20cmのフライパンを中火で熱し、サラダ油をなじませる。卵2個を溶きほぐし、一気にフライパンに流し入れ、すぐに菜箸で大きく2～3回混ぜて弱火にする。半熟状になったら火を止める。

❹ オムレツをごはんにかぶせる

器にごはんを盛り、❸のオムレツをフライ返しでそのままのせる。❷のハヤシソースをかけ、パセリを散らし、好みでブロッコリーを添える。

豆腐の明太子あんかけ丼

強風が本気の冬を連れてやってきた！

寒い！
めちゃ寒い！

サメは一日中
布団から出てこないし

ぼくは一日中ストーブと
べったり仲良し！

そんな真冬の晩ごはんは
豆腐の明太子あんかけ丼！

ぼくんちは寒くなると
あんかけの出現率が高くなるんだ！

[材料(2人分)]

豆腐(木綿でも絹ごしでもよい)
‥‥‥‥‥‥1丁(300g)
辛子明太子‥‥‥‥1本(35g)
チンゲン菜‥‥‥‥‥‥1株
ごま油‥‥‥‥‥‥大さじ1

A | めんつゆ(2倍濃縮)
‥‥‥‥‥‥大さじ2½
水‥‥‥‥‥‥カップ1
おろししょうが(チューブ)
‥‥‥‥‥‥‥‥3cm

[水溶き片栗粉]
片栗粉‥‥‥‥‥大さじ1
水‥‥‥‥‥‥大さじ2
温かいごはん‥‥‥‥適量
(好みで)ゆで卵‥‥‥2個

[作り方]

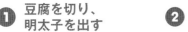 **豆腐を切り、明太子を出す**

豆腐は食べやすい大きさに切る。辛子明太子は薄皮に切り込みを入れて中身を出し、仕上げ用に少し取り分けておく。

2 チンゲン菜を切る

チンゲン菜は茎と葉に分け、茎は縦8等分に切り、葉はざく切りにする。水溶き片栗粉は混ぜ合わせておく。

3 チンゲン菜を炒める

フライパンにごま油を熱し、チンゲン菜の茎を1分ほど炒める。葉も加えてさっと炒めて火を止める。

4 明太子、豆腐を入れて煮る

別のフライパンにAを入れて中火にかけ、煮立ったら明太子を加える。色が変わったら❸、豆腐を加え軽く煮て水溶き片栗粉でとろみをつける。温かいごはんにかけ、取り分けた明太子をのせる。好みでゆで卵を添える。

鶏のレモンソース
照り焼き

甘酸っぱさが食欲そそる
レモンソース照り焼きチキン!

仕上げにレモンの皮をたっぷり散らすから
ノーワックスの国産レモンが欠かせない!

スーパーで国産レモンを見つけたら御の字!
今日のメニューはレモンソース照り焼きに決定だ!

[材料(2人分)]

鶏もも肉 ······· 1枚(350g)
塩、こしょう ········ 各適量
レモンの皮(すりおろし)‥½個分
レモン(薄切り) ········· 2枚
A｜レモン汁、砂糖
　｜ ········· 各大さじ1
　｜しょうゆ ····· 小さじ2

[作り方]

❶ 鶏肉の下ごしらえ
鶏肉は包丁で厚みを均一に開き、フォークで全体を刺す。
塩、こしょうをふる。

❷ 鶏肉を焼く
フライパンに鶏肉を皮目を下にして入れ、中火にかける。
きつね色に焼けたら裏返し、ふたをして火が通るまで焼く。

❸ たれをからめて焼く
混ぜ合わせたAを加え、両面にからめながら焼き上げる。

❹ 切ってレモンをのせる
鶏肉を食べやすく切って器に盛り、レモンの皮を散らしてレモンのスライスをのせる。

くまくんポイント

フライ返しでぎゅーっとおさえながら
焼くと、おいしそうな焼き色がつくよ!

ぶりチリ煮

ぶりの切り身で照り焼き？塩焼き？
いや違う
今日はいつもと違うぶり料理を作りたい！

そんな時ふと思い出した
この前おばあちゃんが
「たらをチリソースで煮たらおいしかったで！」
と言っていたことを……
よし！ぶりのチリソース煮に決定だ！

[材料（2人分）]

ぶり(切り身) ‥‥‥‥ 2切れ	A	水 ‥‥‥‥‥‥ 150mℓ
長ねぎ ‥‥‥‥‥‥ 10cm		酒、トマトケチャップ
冷凍さやいんげん ‥‥‥ 6本		‥‥‥‥ 各大さじ2
片栗粉 ‥‥‥‥‥‥‥ 適量		砂糖、しょうゆ
ごま油 ‥‥‥‥‥‥ 大さじ1		‥‥‥‥ 各大さじ1
		顆粒鶏ガラスープの素
		‥‥‥‥‥‥ 小さじ1
		豆板醤 ‥‥‥‥ 小さじ½
		おろししょうが(チューブ)
		‥‥‥‥‥‥‥ 3cm

[作り方]

❶ ぶり、長ねぎの下ごしらえ

ぶりは全体に茶こしで片栗粉をまぶす。
長ねぎはみじん切りにする。

❷ ぶりを焼く

フライパンを中火で熱してごま油を引き、ぶりを入れる。片面が焼けたら
裏返し、両面がこんがりと焼けたら一度取り出す。

❸ 煮込む

❷のフライパンをさっとふき、Aを入れて煮立てる。ぶりを戻し入れて、
煮汁をかけながら弱中火で5分煮る。長ねぎと凍ったままのさやいんげん
を加え、2分ほど煮る。

さばみそと大根の煮もの

何かと忙しい年末は

買い置きのさば缶と
冷蔵庫に残ってる大根を使って煮もの作り！

弱火でコトコト煮たら
白い顔した大根が飴色になって

ちょっと味見！
なんて言ってつまみ食いしてしまうんだ！

[材料(2人分)]

さばみそ煮缶 ····· 1缶(160g)
大根 ················· 300g
卵 ····················· 2個
糸こんにゃく ········· 150g
ごま油 ············· 大さじ1
A | 水 ·············· 150㎖
　 | 酒 ·············· 50㎖
　 | 砂糖、しょうゆ
　 | ············· 各大さじ1
(あれば)大根の葉 ····· 適量

[作り方]

❶ 大根をゆでる
大根は乱切りにし、水からゆでる。沸騰後12分ほど、竹串がスッと通るまでゆでる。

❷ 卵、糸こんにゃくをゆでる
卵はゆでて殻をむく。糸こんにゃくは食べやすく切り、さっとゆでてアク抜きをする。

❸ 材料を炒めて調味料を加える
フライパンを中火で熱してごま油を引き、大根と糸こんにゃくを炒める。
全体に油が回ったら、さばみそ煮缶とA、ゆで卵を加えて煮立てる。

❹ 煮込む
アクを取ってクッキングシートで落としぶたをし、弱火で20分ほど煮込む
（途中で一度全体を混ぜる）。器に盛り、あれば大根の葉を刻んで散らす。

PART.3

くまくんの
とっておきおやつ

ちょっぴりかためでほろ苦いカラメル
たっぷりのプリンが好きやねん！

あ！　クリーム！
無意識でつまみ食いしてしもた！

こんな感じの
プリンを作ろう！

抹茶をたっぷり混ぜ込んだ生地で
白玉だんご、くるみ、粒あんを包んだら
黒ごまをつけてホットプレートで焼く!

オーブンを使わず作れる
くまくん特製お焼き風
抹茶白玉くるみあんぱんの完成だ!

抹茶白玉くるみあんぱん

[材料(6個分)]

[抹茶パン生地]

A	強力粉	150g
	抹茶	6g
	砂糖	18g
	塩	3g
	脱脂粉乳	6g
	インスタントドライ イースト	3g

溶き卵 ・・・・・・・・・・ 30g
ぬるま湯(28℃) ・・・・・ 70g
バター(食塩不使用) ・・・ 30g

[白玉だんご生地]

白玉粉	40g
水	大さじ2½～3½

粒あん(市販品) ・・・・・・ 150g
黒いりごま、くるみ ・・・ 各適量

[準 備]

●卵、バターは常温に戻しておく。
●粒あんは6等分して丸めておく。
●クッキングシートは10cm角に切ったものを6枚用意する。

[作り方]

❶ 白玉生地を
こねる

ボウルに白玉粉を入れて分量の水を加え、手でこねて耳たぶくらいのやわらかさにする。6等分して丸め、軽く押さえて平たくする。

❷ 白玉だんごを
ゆでる

鍋に湯を沸かし、❶を入れる。浮き上がってきたら1分ゆで、水にとって冷やす。使うまでそのままつけておく。

パン作りは慎重に
1g単位ではかるねん!

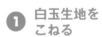

ラグビーボールで
遊ぶの好きやねん！

大きさが2倍になるまで発酵させてね！ホームベーカリーや発酵器を使ってもいいよ！

③ 抹茶パン生地を混ぜる

別のボウルに抹茶パン生地のAを入れ、泡立て器でよく混ぜる。溶き卵とぬるま湯を加え、手でこねる。だいたいひとまとまりになったら、台に移す。

④ よくこねる

のばして、折りたたんだり、台にたたきつけたりして、ベタつきがなくなるまでよくこねる。

⑤ バターを加えてさらにこねる

生地を広げ、やわらかいバターを手でぬり広げ、生地になじむまでこねる。ベタつきがなくなったら、❹と同じ作業を繰り返す。つるんとなめらかで弾力のある生地になったらひとつに丸める。

⑥ 一次発酵させる

サラダ油少々（分量外）をぬったボウルに入れ、ラップをかける。ひと回り小さいボウルに40℃のお湯を入れ、生地を入れたボウルをのせる。大きめのポリ袋に入れて口を閉じ、約1時間発酵させる(一次発酵)。お湯の温度が下がったら取り替える。

抹茶
めっちゃ
好きやねん！

 7

⑥の生地を台にのせて6等分にし、表面がなめらかになるように丸めて底をつまんでとじる。とじ目を下にし、ポリ袋をかぶせて15分休ませる。この間に白玉だんごの水気をきっておく。

 8

めん棒で直径8cmの円形になるようにのばす。水けをきった白玉だんごを1個のせ、その上にくるみ2〜3粒、丸めたつぶあんをのせて包む。とじ目をしっかりつまんでとじ、クッキングシートにとじ目を下にしてのせる。

 9

めん棒の先を水でぬらして黒ごまをつけ、判を押すように生地に押しつける。これを6個作り、ポリ袋をかぶせて28℃の場所におき、2倍にふくらむまで約1時間発酵させる(二次発酵)。

 10

ホットプレートを160℃に温め、**⑨**のごまをつけた面を下にして並べる。フライ返しで軽く押さえ、ふたをして8分焼く。クッキングシートをはずしてそっとひっくり返し、軽く押さえてふたをしてさらに8分焼く。

オレンジケーキ

シロップで煮たオレンジを
たっぷり使ったケーキ!

何度も何度も作り直して

もう食べたくない〜
と思ったときもあったけど

ようやく
なっとくのオレンジケーキが
できた!

やったぁ!という
達成感でいっぱいだ!

［材料］（18cmの丸型1台分）

［オレンジコンポート］
オレンジ ・・・・・・・・・ 1個
水・・・・・・・・・・・・ カップ1
グラニュー糖 ・・・ 大さじ5
バター（食塩不使用）・・・・ 150g
卵・・・・・・・・・・・・・・・ 3個

A ｛
グラニュー糖・・・・・・・・ 100g
薄力粉・・・・・・・・・・・ 130g
アーモンドプードル 20g
ベーキングパウダー
・・・・・・・・・ 小さじ¼

［準備］

● オレンジはスポンジでこすり洗いする。
● バターと卵を常温に戻し、Aは合わせてふるう。
● オーブンは180℃に温めておく。
● 型の底と側面にバター（分量外）を薄くぬり、クッキングシートをぴったり貼りつける。シートの上にもバター（分量外）を薄くぬる。

［作り方］

❶ コンポートを作る

鍋に湯を沸かしてオレンジを入れ、転がしながら1分煮る。湯をかえて同様に1分煮て、流水で冷やして粗熱をとり、2〜3mm厚さにスライスする。鍋に分量の水とグラニュー糖を入れ、煮立ったらオレンジを入れて落としぶたをし、弱火で15分煮る。火を止めてそのまま冷ます。

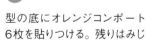

❷ 型に貼りつける

型の底にオレンジコンポート6枚を貼りつける。残りはみじん切りにして、キッチンペーパーで水気を取る。

❸ 生地を作る

ボウルにバターを入れて泡立て器でクリーム状になるまで混ぜ、グラニュー糖を加えてさらに混ぜる。溶きほぐした卵を10回ぐらいに分けて少しずつ加え、そのつどよく混ぜる。みじん切りにしたコンポートを加え混ぜ、Aも加えてゴムべらでさっくりと混ぜる。

❹ オーブンで焼く

❸を型に流し入れ、2〜3回トントンと型を落としてならす。180℃のオーブンで約35分焼く。竹串を刺してみて、生の生地がついてこなければ、型から取り出してシートをはがす。温かいうちにコンポートの煮汁をはけでたっぷりとぬる。

紅茶のババロア

甘さをぐっと抑えて作った
紅茶のババロア

甘酸っぱいベリーのソースが
紅茶の味を際立てる!

とっておきのスイーツには
とっておきの本を用意して

ページをめくるタイミングで
少しずつ食べるんだ!

[材料] (容量150mlのカップ4個分)

牛乳‥‥‥‥‥‥‥200㎖
ティーバッグ(紅茶)‥‥‥2個
卵黄‥‥‥‥‥‥‥2個分
グラニュー糖‥‥‥‥‥40g
生クリーム‥‥‥‥‥100㎖
板ゼラチン‥‥‥‥‥‥5g

[ベリーソース]
冷凍ミックスベリー‥100g
グラニュー糖‥‥‥‥20g
レモン汁‥‥‥‥‥小さじ1
水‥‥‥‥‥‥‥大さじ1

[準備]

●板ゼラチンは氷水に入れてふやかしておく。

くまくんポイント

生クリームの6分立ては、泡立て器ですくうと跡がついてすぐ消えるくらいの状態だ!

[作り方]

❶ 紅茶を煮出す

鍋に牛乳とティーバッグを入れて弱火にかけ、煮立ったら火を止める。ふたをして3分蒸らし、ティーバッグはギュッとしぼってから取り出す。

❷ 卵黄と牛乳を温める

ボウルに卵黄とグラニュー糖を入れ、泡立て器で白っぽくなるまでよく混ぜる。❶を少しずつ加えながら混ぜ、❶の鍋に戻し入れる。弱火にかけ、沸騰直前まで温めて火を止め、ゼラチンの水気をしっかりきってから加え、よく混ぜてざるでこす。

❸ 生クリームを加えて冷やす

別のボウルに生クリームを入れ、冷水をあてながら泡立て器かハンドミキサーで6分立てにする。❷を冷水にあてて混ぜ、少しとろみがついたら生クリームを3回に分けて加え、よく混ぜる。カップに等分に入れ、冷蔵庫で2～3時間冷やしかためる。

❹ ベリーソースを作ってかける

小鍋にベリーソースの材料をすべて入れ、弱火にかける。煮立ってベリーがやわらかくなったら、混ぜながら5分ほど煮詰め、粗熱をとって冷蔵庫で冷やす。❸にかけ、好みでミックスベリーとミント各少々(ともに分量外)をのせる。

クロワッサンをこよなく愛するアルチュールさん

アルチュールさんは近所のおもろいおっさん。
パン屋で必ずクロワッサンを買い、
店によって微妙に違う味や特徴を
事細かくメモる!

そんなアルチュールさんに
おいしいとほめてもらった
チョコクロワッサン!

「くまくんのチョコクロワッサンは
パリパリかつ
口どけがよい生地から
ビターなチョコがとろけ出す。
やばい、何個でも食べてしまう」

アルチュールさんのメモには
そう書いてあるんだ!

チョコクロワッサン

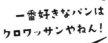

一番好きなパンは
クロワッサンやねん！

［ 材料 (8個分) ］

A	準強力小麦粉(リスドォル)
	‥‥‥‥‥‥‥‥‥‥250g
	砂糖‥‥‥‥‥‥‥‥25g
	塩‥‥‥‥‥‥‥‥‥‥5g
	脱脂粉乳‥‥‥‥‥‥‥5g
バター(食塩不使用)‥‥‥125g
インスタントドライイースト
	‥‥‥‥‥‥‥‥‥‥‥4g
水‥‥‥‥‥‥‥‥‥‥125g
溶き卵‥‥‥‥‥‥‥‥13g
板チョコ(ビター)‥‥‥約1½枚
溶き卵(仕上げ用)‥‥‥適量

［ 準 備 ］

● バター25gは小さく切る。
100gは冷蔵庫で冷やして
おく。
● 分量の水から15gを取り分
け、インスタントドライイー
ストを加えて溶かす。
● 板チョコは3㎝幅×6㎝長さ
の長方形8個に切り分ける。

［ 作り方 ］

① 生地をよくこねる

ボウルにAを入れ、泡立て器
で混ぜる。小さく切ったバター、
溶き卵、水で溶かしたドライイ
ースト、残りの水110gも加え、
手でよくこねる。粉っぽさがな
くなったらひとまとまりにし、
台に移す。

**② さらにこねて
発酵させる**

台にこすりつけるようにのばし
て折りたたんだり、たたきつけ
たりを5分ほど繰り返してこね
る。ひとつに丸め、サラダ油
少量(分量外)をぬったボウル
に入れ、40分発酵させる(詳し
くは68ページの「抹茶白玉くる
みあんぱん」作り方❻を参照)。

③ さらに冷蔵発酵させる

生地を取り出して軽く押さえ、約1.5cm厚さにしてラップでぴっちり包み、冷蔵庫で8〜12時間発酵させる。

④ 折り込み用のバターをのばす

台に打ち粉用の小麦粉適量（分量外）をふり、冷たいバター100gをおき、バターにも打ち粉をふる。めん棒でバターをたたいてのばす。大きめのラップにのせてはさみ、めん棒で12cm角にのばして冷蔵庫で1時間以上冷やす。

⑤ 生地でバターを包む

③の生地を打ち粉をした台におき、めん棒で軽くのばして④のバターをのせ、バターが出ないように包んでとじ目をしっかりとじる。

⑥ 生地を3回のばして休ませる

めん棒で15×40cmにのばして3つ折りにし、ラップで包んで冷蔵庫で30分休ませる。生地の向きを90度変えてから15×40cmにのばし、3つ折りにしてラップで包んで冷蔵庫で30分休ませる。これをもう一度繰り返し、冷蔵庫で30分休ませる。

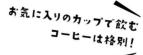

お気に入りのカップで飲む
コーヒーは格別！

7 三角形に切り分ける

生地を22×42 cmにのばし、4辺を5mmずつ切り落とす。底辺が9 cmの二等辺三角形に切り分ける（両端は底辺5 cmの直角三角形になる）。

8 チョコをのせて巻く

底辺に板チョコをのせ、頂点を少しひっぱりながら巻く。巻き終わりを下にしてクッキングシートを敷いたオーブンの天板に並べる。

9 再び発酵させる

天板ごとポリ袋に入れ、室温25℃で1時間30分〜2時間おき、生地が2倍にふくらむまで発酵させる。

10 溶き卵をぬって焼く

溶き卵をはけでぬる。200℃に温めたオーブンで10〜12分焼く。

くまくんのプリン

見た目が好き！

味が好き！

名前も好き！

僕の好きがぎゅっと詰まったプリン！

お皿のステージにそっと立たせて
フルーツ添えておしゃれしたら、
君はもうアイドルだ！

[材料] (容量150mlのプリンカップ5個分)

牛乳・・・・・・・・・・・・400ml
バニラビーンズ(さや入り)・・3cm
卵・・・・・・・・・・・・3個
グラニュー糖・・・・・・・・80g

[カラメルソース]
グラニュー糖・・・・・・・・80g
水、熱湯・・・・・・各大さじ1

(好みで)ベリー類、ホイップ
クリーム、ミント・・・各適量

[作り方]

くまくんポイント
鍋肌についたカラメルを溶かしながら温めよう!

くまくんポイント
プリンカップをゆすってみて、弾力を感じたら完成だ!

① カラメルソースを作る

小鍋か小さめのフライパンにグラニュー糖を入れ、上から分量の水をふりかける。中火で加熱し、カラメル色になったら火を止めて熱湯を加え、2〜3回ゆする。カップに等分して入れる。

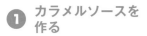

くまくんポイント
熱湯を入れるときバチバチッとはねるので注意してね!

② バニラと牛乳を温める

バニラビーンズのさやに包丁で切り目を入れ、中の種をこそげ取る。①の鍋に牛乳、バニラの種とさやを入れ、弱火で沸騰直前まで温める。火を止めてバニラのさやを取り出す。

③ プリン生地をカップに入れる

ボウルに卵を溶きほぐし、グラニュー糖を加えて泡立たないように泡立て器で混ぜる。②を少しずつ加えて混ぜ、ざるでこす。①のカップに等分に流し入れ、アルミホイルでふたをする。

④ フライパンで蒸す

フライパンに、カップの半分ぐらいの高さまで水を入れ、沸騰させて火を止める。底にふきんを敷いて③を並べ、ふたをしてごく弱火で12分蒸す。火を止めて余熱で10分蒸す。粗熱がとれたら冷蔵庫で冷やし、器に盛って好みでベリー類、ホイップクリーム、ミントを添える。

くま

コテコテ関西育ちのくまのぬいぐるみ。食材を宙に浮かせる独特
の調理方法が話題となる。現在は自身のInstagramのほか、web
メディアで連載を持つなど活躍中。特技はそろばん、お絵描き。
好きな食べ物は白いごはん、ラーメン、チョコレート。趣味は読書、
TVドラマ鑑賞。コーヒーが好きでカフェ巡りもしている。
Instagram: ku.ma2088

STAFF

装丁・デザイン　片岡寿理
編集　立本美弥子
撮影　塩崎聰、くま
校正　草樹社
special thanks　サメ

ぼくはくま、特技はせん切りやねん!!!

2023年7月25日　第1刷発行

著者　　　くま
発行人　　松井謙介
編集人　　長崎　有
企画編集　横山由佳
発行所　　株式会社　ワン・パブリッシング
　　　　　〒110-0005　東京都台東区上野 3-24-6
印刷所　　共同印刷株式会社

●この本に関する各種お問い合わせ先
内容や広告等のお問い合わせは、下記サイトのお問い合わせフォームよりお
願いします。
https://one-publishing.co.jp/contact/
不良品(落丁、乱丁)については業務センター　Tel 0570-092555
〒354-0045 埼玉県入間郡三芳町上富279-1
在庫・注文については書店専用受注センター　Tel0570-000346

ワン・パブリッシングの書籍・雑誌についての新刊情報・詳細情報 は、下記を
ご覧ください。
https://one-publishing.co.jp/